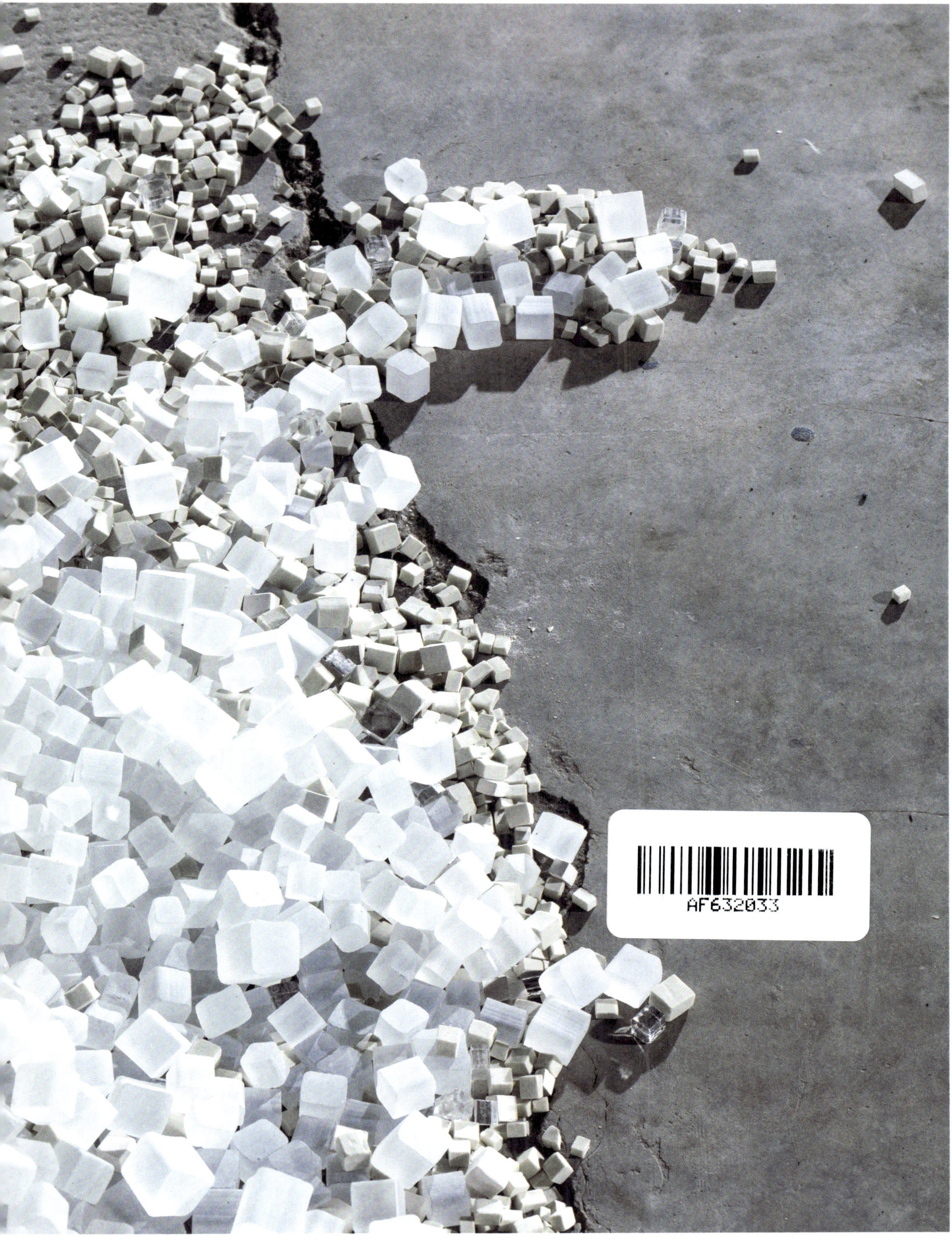

Cahier de résidence

Lucia Bru

à la cristallerie Saint-Louis

sous le parrainage d'Ann Veronica Janssens

ACTES SUD | FONDATION D'ENTREPRISE HERMÈS

Entretiens de Gaël Charbau avec Lucia Bru et Ann Veronica Janssens

Sous le parrainage d'Ann Veronica Janssens, Lucia Bru a bénéficié d'une résidence offerte par la Fondation d'entreprise Hermès à la cristallerie Saint-Louis[1], à Saint-Louis-lès-Bitche en Moselle. De janvier à mars 2017, avec l'aide des maîtres verriers, elle y a développé deux ensembles de pièces qui prolongent et approfondissent ses réflexions sur une géométrie sensible, soumise aux aléas du corps qui les fabrique.

Gaël Charbau : Tu as parrainé la résidence de Lucia Bru à la cristallerie Saint-Louis, j'imagine que son travail de sculpture a été déterminant dans ce choix.
Ann Veronica Janssens[2] : Lucia a effectivement l'expérience des arts du feu, puisqu'elle pratique la céramique. J'ai pensé qu'il serait particulièrement intéressant pour elle de pouvoir bénéficier des savoir-faire des artisans de la cristallerie. Dans ses recherches, que ce soit par le dessin ou la sculpture, elle s'intéresse aux effets de la lumière sur la matière et aux possibilités offertes par la transparence : il était donc assez évident pour moi de lui proposer une immersion dans ce lieu où tout le monde est passionné par ces questions.
G. C. : La personnalité des artistes joue un rôle important dans le déroulement des résidences…
A. V. J. : Oui, et généralement la magie opère quand on parvient à la rencontre entre un projet que les artistes ont envie de partager et des artisans qui prennent du plaisir à rendre possible son épanouissement. Lucia a trouvé sa place dans les rouages très organisés de la cristallerie, elle s'est introduite dans tous les circuits de la production avec empathie et elle a pu développer son travail avec une réelle autonomie. C'était important pour elle de quitter son propre atelier pour aller vers une autre forme de travail et de collaboration. Le travail de Lucia est très subtil, il me semble parler beaucoup d'espace, de couleurs et de vibration. Je crois qu'elle a trouvé dans cette résidence un environnement véritablement en adéquation avec ses recherches.

1. Fondée en 1586, la Verrerie de Münzthal devient la Verrerie royale de Saint-Louis en 1767, puis progressivement, après la découverte du secret de la fabrication du cristal en 1781, la cristallerie Saint-Louis. Elle intègre le groupe Hermès en 1989. Aujourd'hui, les créations de Saint-Louis dans le domaine de la lumière, de la table et de la décoration ont un rayonnement international. Avant Lucia Bru, Saint-Louis a accueilli DH McNabb (2015), Marie-Anne Franqueville (2013), Oliver Beer (2012), Atsunobu Kohira (2011) et Olivier Sévère (2010) dans le cadre du programme de résidences d'artistes de la Fondation d'entreprise Hermès.

2. Née en 1956 à Folkestone, au Royaume-Uni, Ann Veronica Janssens vit et travaille à Bruxelles. Son travail a fait l'objet de multiples expositions personnelles telles que *Serendipity* au Wiels à Bruxelles, *Are You Experienced* à l'Espai d'art contemporani de Castelló, à la Neue Nationalgalerie de Berlin, au musée d'Orsay à Paris, au CCA Wattis Institute à San Francisco, à l'Ikon Gallery de Birmingham, à la Kunsthalle de Berne, au Mac de Marseille, à la Biennale de Venise avec Michel François, au Carriage Works à Sydney. En 2015, plusieurs années après leur participation commune à la Biennale de Venise, Ann Veronica Janssens a été invitée par le commissaire Guillaume Désanges à exposer avec l'artiste Michel François à La Verrière/Fondation d'entreprise Hermès à Bruxelles.

Gaël Charbau : Ton vocabulaire plastique est très épuré, très resserré sur quelques formes rigoureusement soumises à divers aléas.
Comment ces figures se sont-elles imposées ?
Lucia Bru : Rapidement après mes études, cette géométrie simple, très abstraite, s'est mise en place et a été pour moi une évidence. C'est surtout l'utilisation de la porcelaine qui a révélé toute l'atmosphère de mon travail, car cette matière possède une qualité : une grande mémoire des manipulations. Lorsque je travaille la porcelaine crue pour lui imposer une forme, toutes les impulsions, toutes les caresses sont enregistrées et après cuisson s'en trouvent amplifiées. Ce phénomène m'intéresse beaucoup, car il agit sur les formes que j'utilise et crée un univers géométrique bousculé. J'aime bien dire d'un cube qu'il "respire". J'ai ce goût pour ce qui est de travers, pour ce qui échappe, sous l'effet de l'impulsion du corps. L'état dans lequel je travaille est ainsi restitué et amplifié qu'il s'agisse de ma respiration ou de ma vitesse d'exécution.
G. C. : Tu travaillerais ainsi à une sorte de géometrie de l'imprévisible… ?
L. B. : Oui, exactement ! Je me suis rendu compte que j'éprouvais, dans mes sculptures, cet amour de la déformation, de ce qui est "pas droit", de ce qui est "presque", de ce qui "tend vers", mais qui n'est pas tout à fait… La question de l'angle droit, de ces 90 degrés dans lesquels nous habitons en permanence, m'a intéressée dans de nombreux travaux. J'ai tenté de bousculer les plinthes, les lignes qui nous environnent. Je me suis aussi demandé comment déformer l'espace lui-même, et j'ai alors travaillé sur des miroirs platine en porcelaine, où le reflet subissait les accidents de la surface.
G. C. : Quels sont les matériaux que tu utilises régulièrement ?
L. B. : Le ciment, le fer, la porcelaine que nous évoquions, mais aussi le papier avec lequel j'ai réalisé beaucoup de sculptures. La céramique reste certainement le matériau que j'utilise le plus souvent. J'aime beaucoup allier le dessin et la sculpture, et je considère d'ailleurs plutôt mes dessins comme des sculptures. J'utilise aussi la vidéo et la photographie.
G. C. : Tu as poursuivi toutes ces expérimentations à la cristallerie Saint-Louis, peux-tu me dire comment sont nées les pièces sur lesquelles tu as travaillé dans ce contexte très particulier ?
L. B. : Au fur et à mesure de mes rencontres avec les artisans et de mes découvertes à la cristallerie, je voulais *a priori* ne pas m'enfermer dans un objet, dans un projet avec une forme délimitée. J'ai souhaité développer une œuvre qui m'accompagne déjà depuis une quinzaine d'années et qui

est éparpillée dans mon travail : il s'agit de petits cubes dont l'échelle varie (de plus ou moins 1 à 6 centimètres de côté) et que j'aime partager par poignées ou à l'unité avec des personnes que je rencontre. J'adore penser qu'ils se promènent dans des poches, sur des étagères ou des cheminées et qu'ils forment une sculpture éclatée qui m'échappe totalement. L'objectif était ici de construire une sculpture au dispositif incertain et j'ai donné *in fine* à chaque artisan avec lequel j'ai travaillé quelques-uns de ces cubes… La porcelaine et le cristal sont des matériaux très forts, très résistants, contrairement à ce que l'on pense d'eux culturellement. J'ai découvert que le cristal pouvait amener une fluidité, quelque chose qui soit visuellement proche d'un liquide, comparé à la porcelaine dont l'expression est plus rigide. Je n'ai jamais mesuré ces cubes en les réalisant et j'essaie toujours de leur donner la taille d'une mesure "ressentie", ils varient donc en fonction du moment où ils sont sculptés. On est tout à fait en dehors d'une géométrie orthogonale et précise, ils sont tous les mêmes et toujours différents.

G. C. : En voyant ces centaines de petits cubes envahir le sol, on pense à quelque chose de géographique : la première sensation est qu'on a affaire à un îlot, un archipel, avec différentes dépressions et plusieurs altitudes…

L. B. : J'aime beaucoup l'idée que de toutes petites choses puissent conquérir un espace, englober du vide. C'est un espace défini "point par point", formé par une assemblée où chaque élément est, en soi, une sculpture. Il y a donc en effet cette notion de territoire, de limite, de morcellement, de fragmentation. Il y a aussi la sensation du grouillement, qui appelle quelque chose de vivant alors que la pièce est composée de matière minérale. Le vivant, la mobilité, c'est là encore une chose qui m'intéresse beaucoup dans mes recherches, il me plaît de mettre en place un dispositif qui est complètement incertain, d'essayer de solliciter un lâcher-prise qui part à la conquête de l'espace. Je ne pourrai jamais reconstituer deux fois la même installation et cette infinité de possibilités me réjouit.

G. C. : J'aimerais que tu reviennes sur les techniques qui sont convoquées ici, quels sont les savoir-faire que tu as sollicités ?

L. B. : Concernant la porcelaine, ça se passe dans mon atelier à Bruxelles : j'étale sur une croûteuse – une table spécialement prévue à cet effet – de la porcelaine en pâte que je coupe à cru, au contraire du cristal. Il y a ensuite deux types de cuisson : une cuisson à haute température qui rend la porcelaine grise et vitrifiée, complètement "fermée", et l'autre qui produit des cubes rosés, biscuités à 950 degrés. Cette cuisson laisse la matière poreuse.

Pour le cristal, il y a dans ma sculpture deux états de matière : le cristal transparent sans couleur, totalement clair, issu de baguettes de cristal étiré, que l'on recuit et que l'on coupe, avant de le faire passer à la "trempe", des bains d'acide dans lesquels il est plongé et qui permettent de le rendre encore plus limpide et brillant. On y perd un peu de matière rongée par l'acide, ce qui a aussi pour effet d'éroder les arêtes des cubes, de les adoucir, et ce qui leur donne – je trouve – ce côté liquide dont je parlais tout à l'heure. L'autre technique utilisée consiste à dépolir le cristal, ce sont les cubes sablés, qui sont tout à l'inverse plus fantomatiques et opaques. Le cristal est opacifié en projetant du sable sous pression.

G. C. : Tu as développé une autre série de pièces lors de ta résidence, qui consiste en plusieurs formes soufflées, des sortes de grands pavés disposés au sol, qui emprisonnent de la matière, notamment du ciment. Comment ont-elles été réalisées ?

L. B. : Ce sont tout d'abord des pièces soufflées par les verriers dans des moules en bois que j'ai fabriqués. Ils sont tapissés de papier, qui leur donne ce modelé particulier. J'ai utilisé cette technique car, chaque fois qu'on soufflait dans un même moule, on obtenait une forme différente et ça m'intéressait. Après cette première étape, on recuit la pièce, ensuite on la décalotte en sciant le haut, puis on scie le bas. Cela permet de conserver une forme à quatre faces latérales qui ne sont ni rondes ni carrées, sans fond ni couvercle. J'y verse ensuite du ciment gris. Le ciment et le cristal ont le sable en commun, il me semblait intéressant de les unir.

G. C. : Imagines-tu ces deux propositions dans une forme de dialogue ou plutôt comme deux entités séparées ?

L. B. : Ce sont deux projets bien distincts. Ils ont en commun cette idée du "même toujours différent". Le processus technique du projet soufflé m'a permis d'obtenir dans un même moule chaque fois une forme différente, et je trouve intéressant de penser qu'une même forme puisse avoir des "moments" différents et ne pas être une, mais multiple.

(movidas)
(aérocubes)

à la cristallerie Saint-Louis

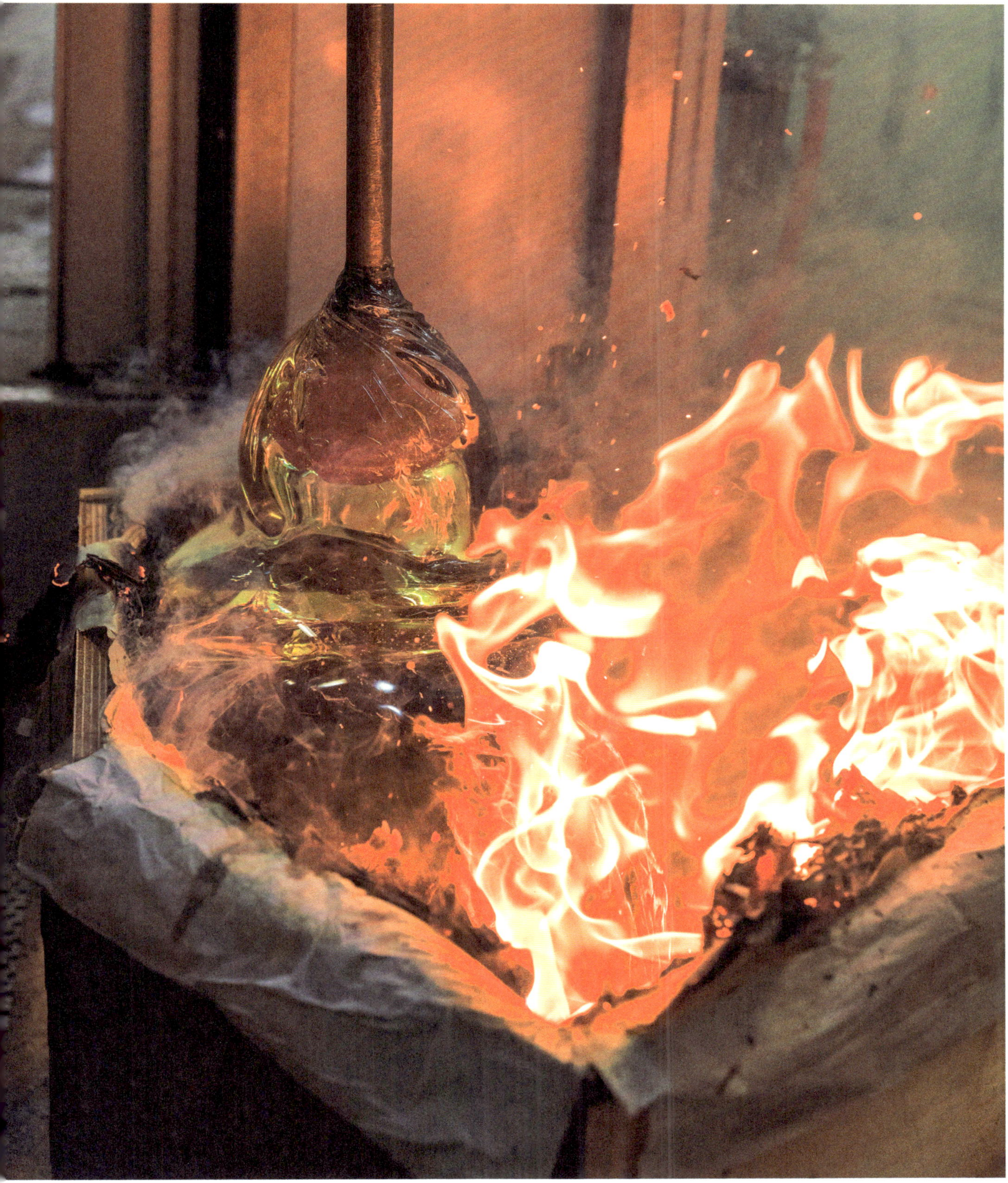

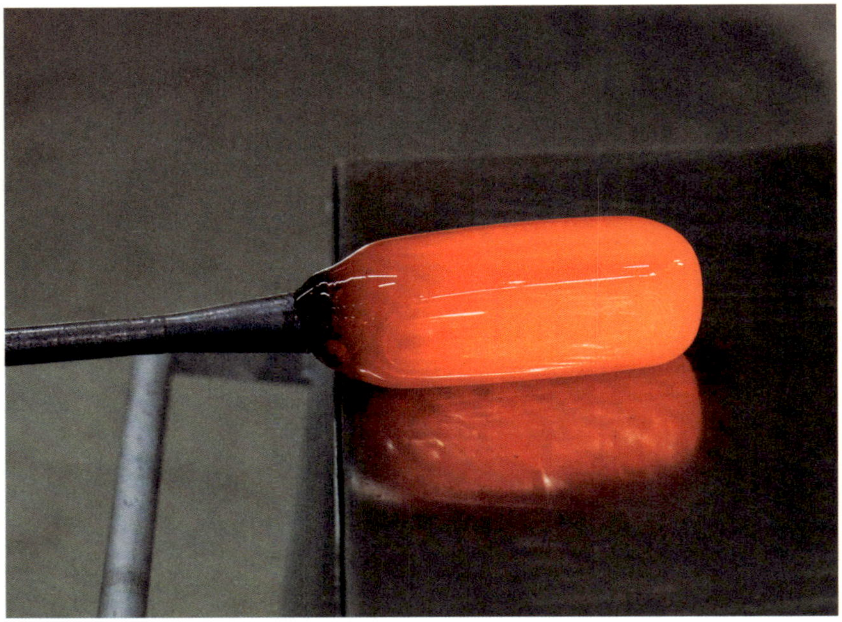

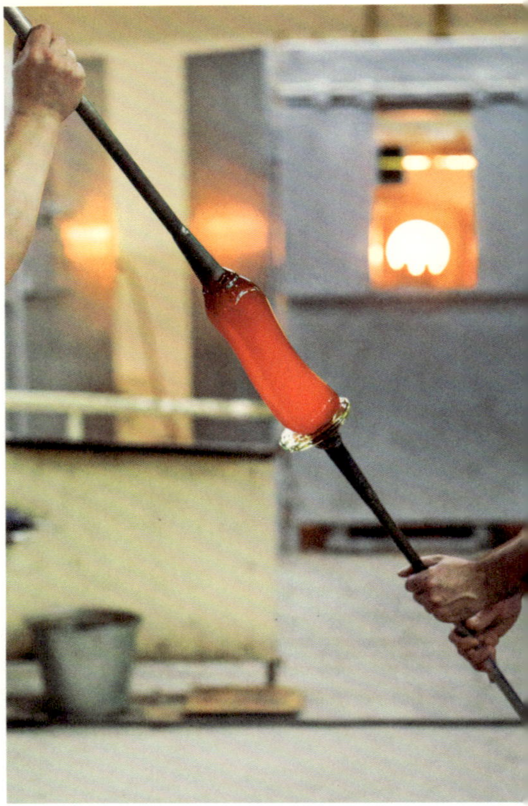

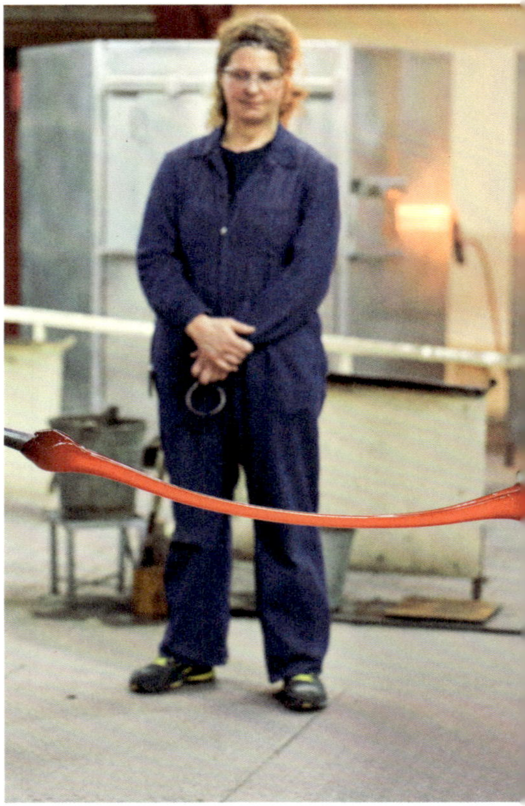

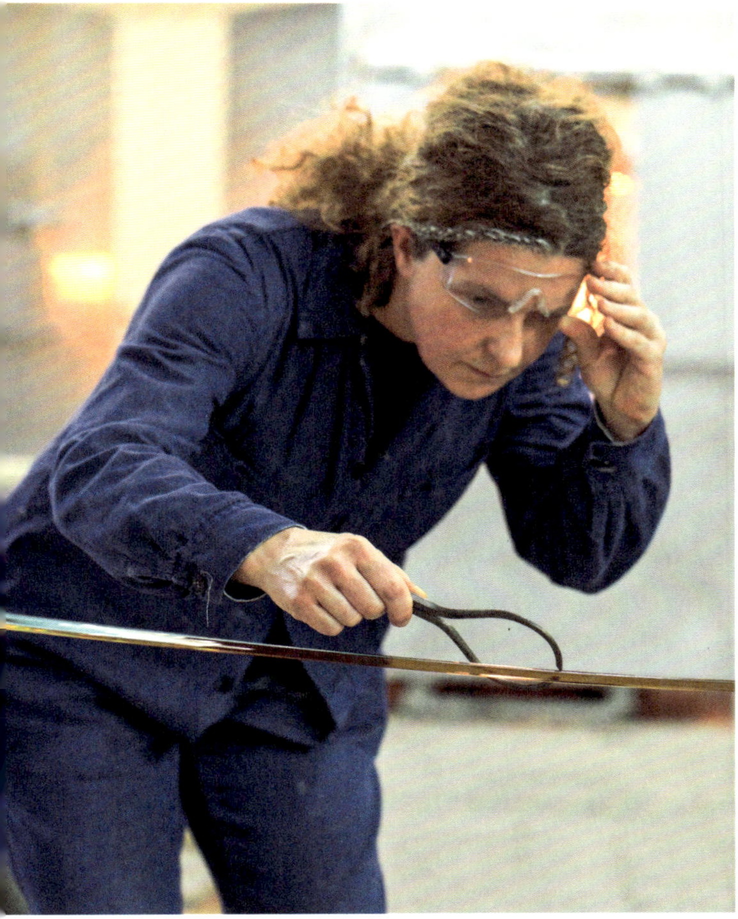

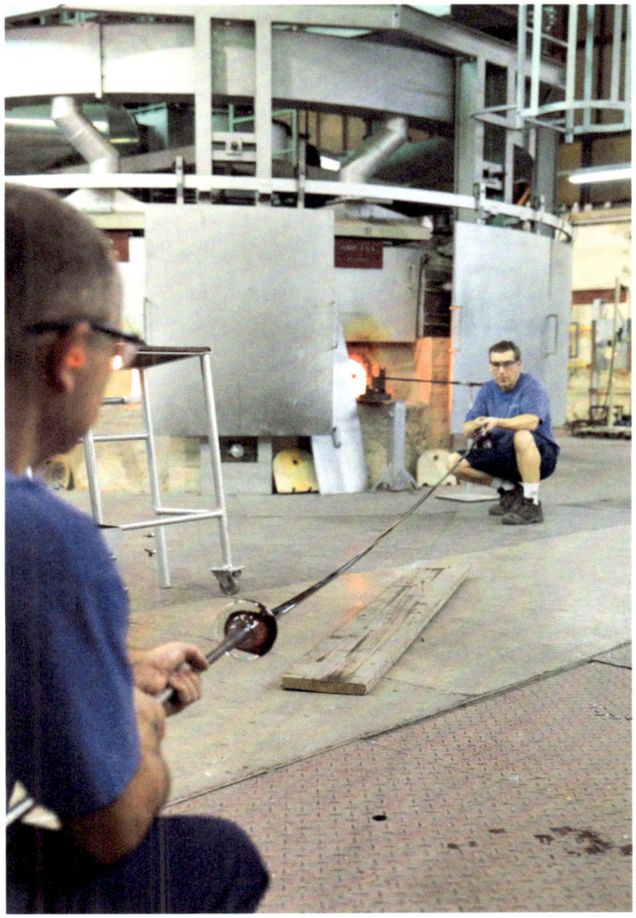

awing out the crystal into rods.

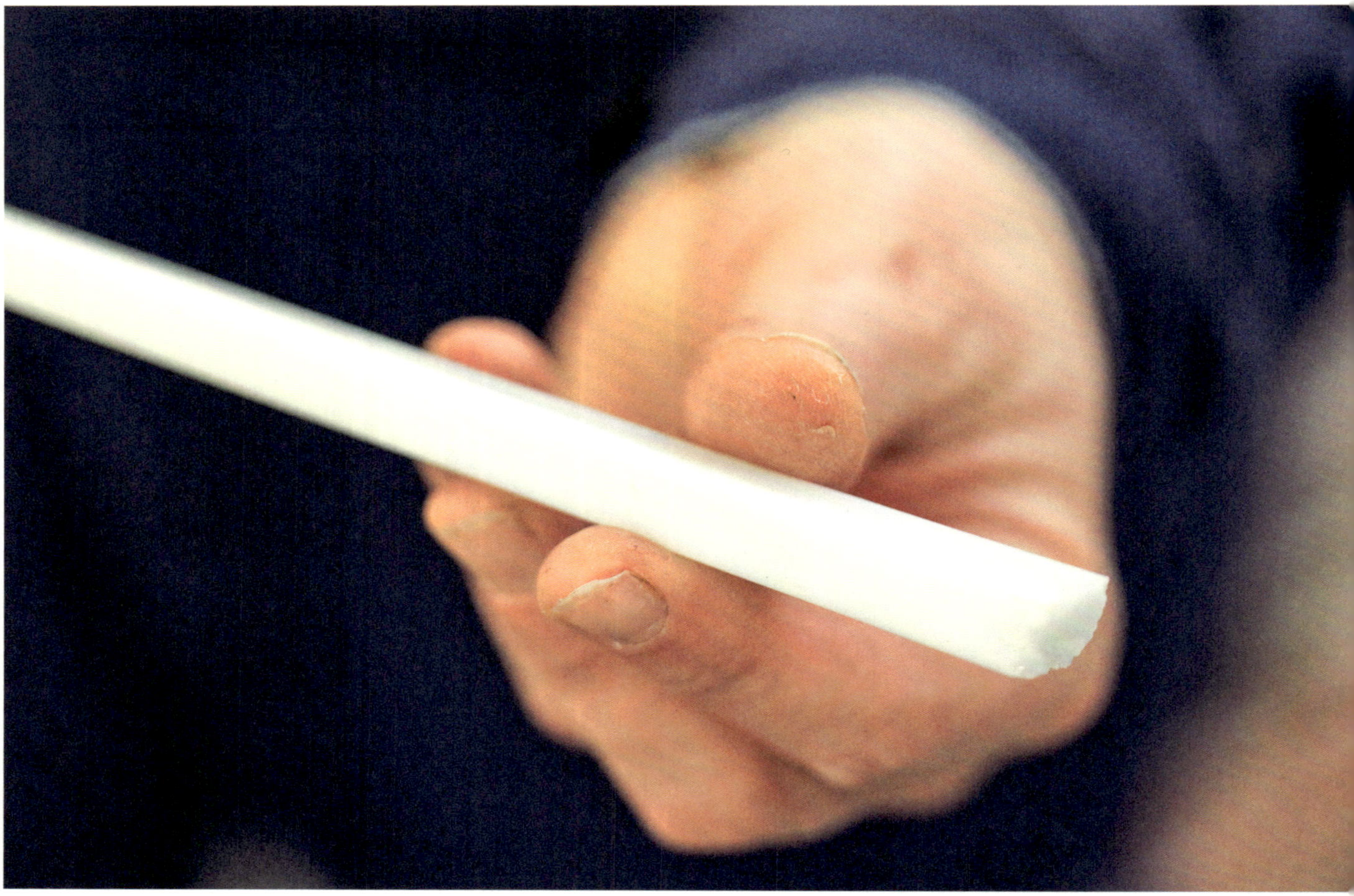

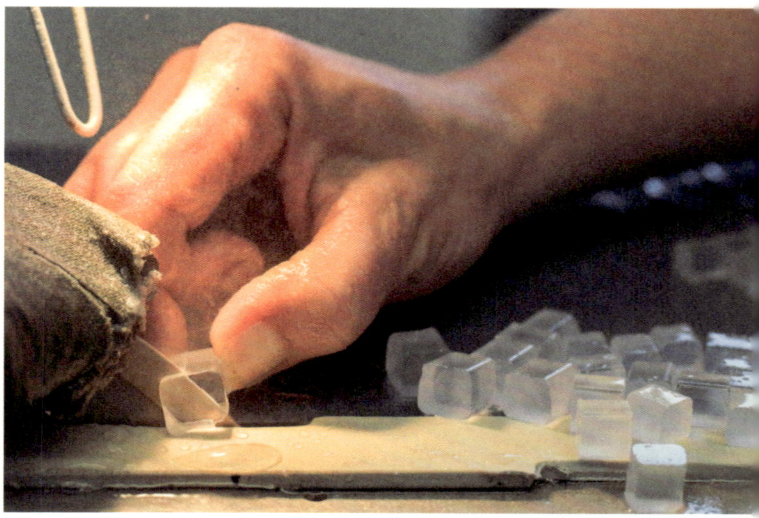

Couper les baguettes en cut

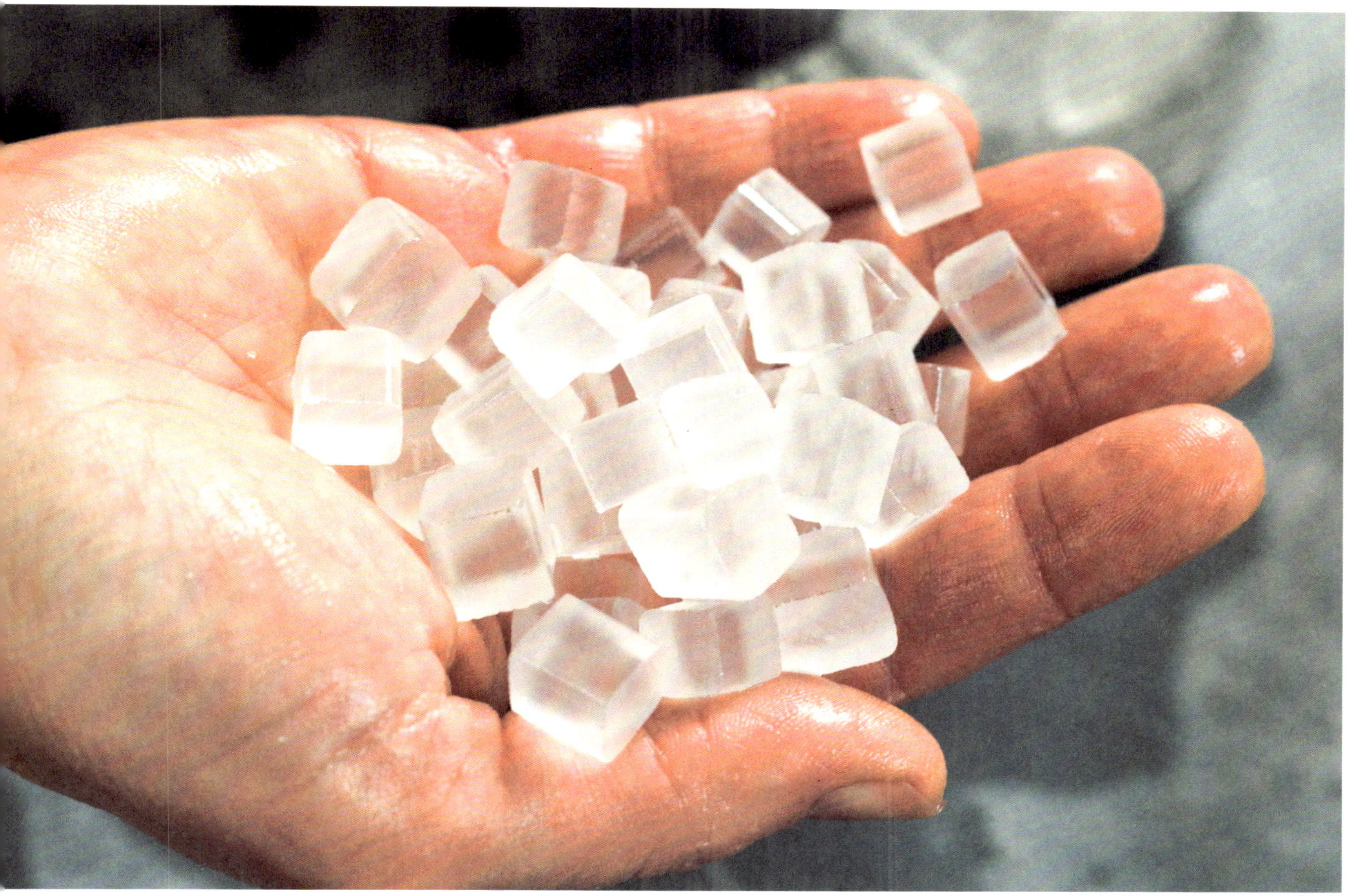

ng the rods into cubes.

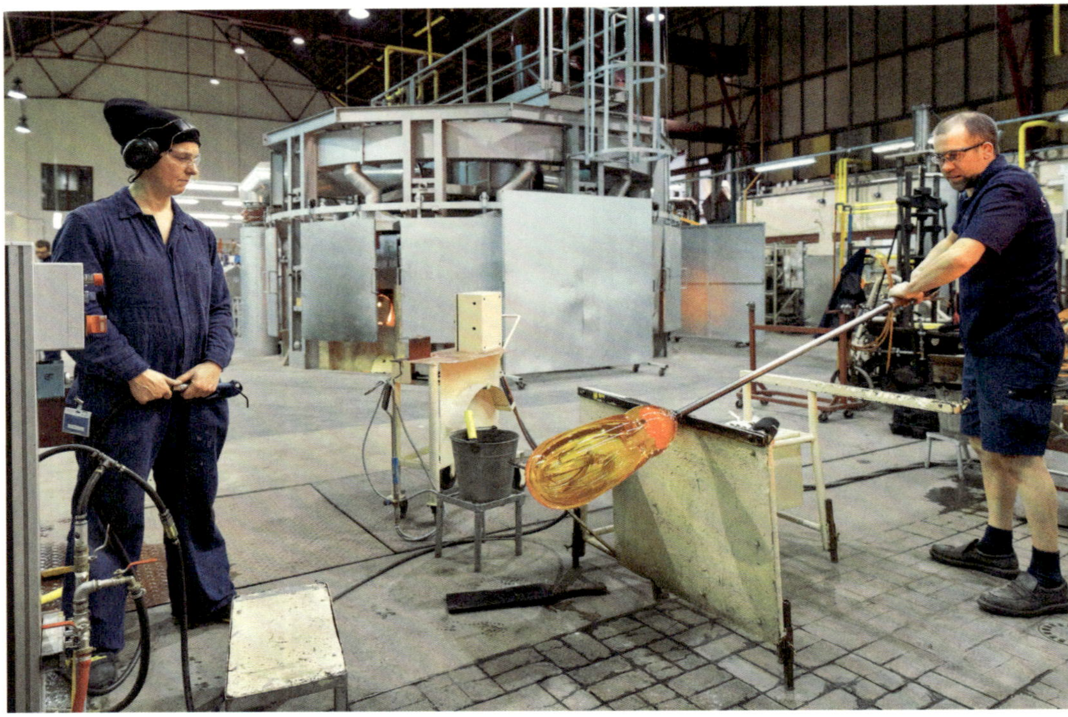

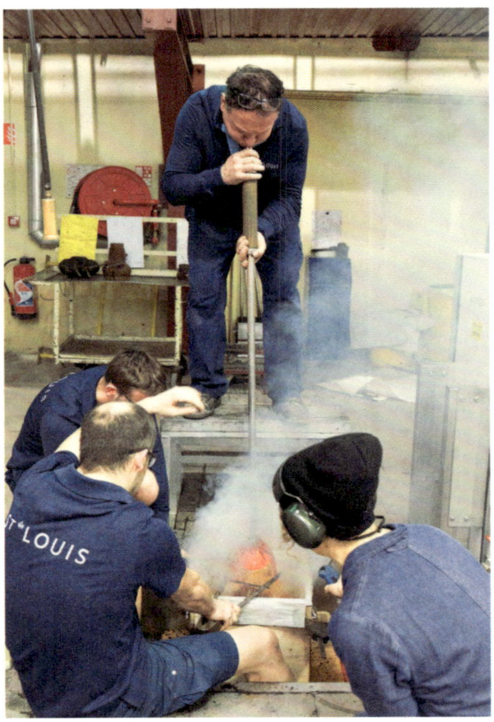
LOUIS

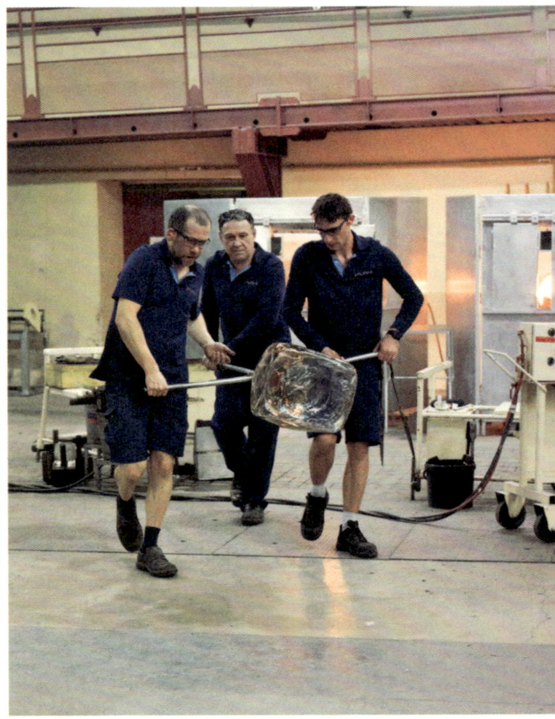

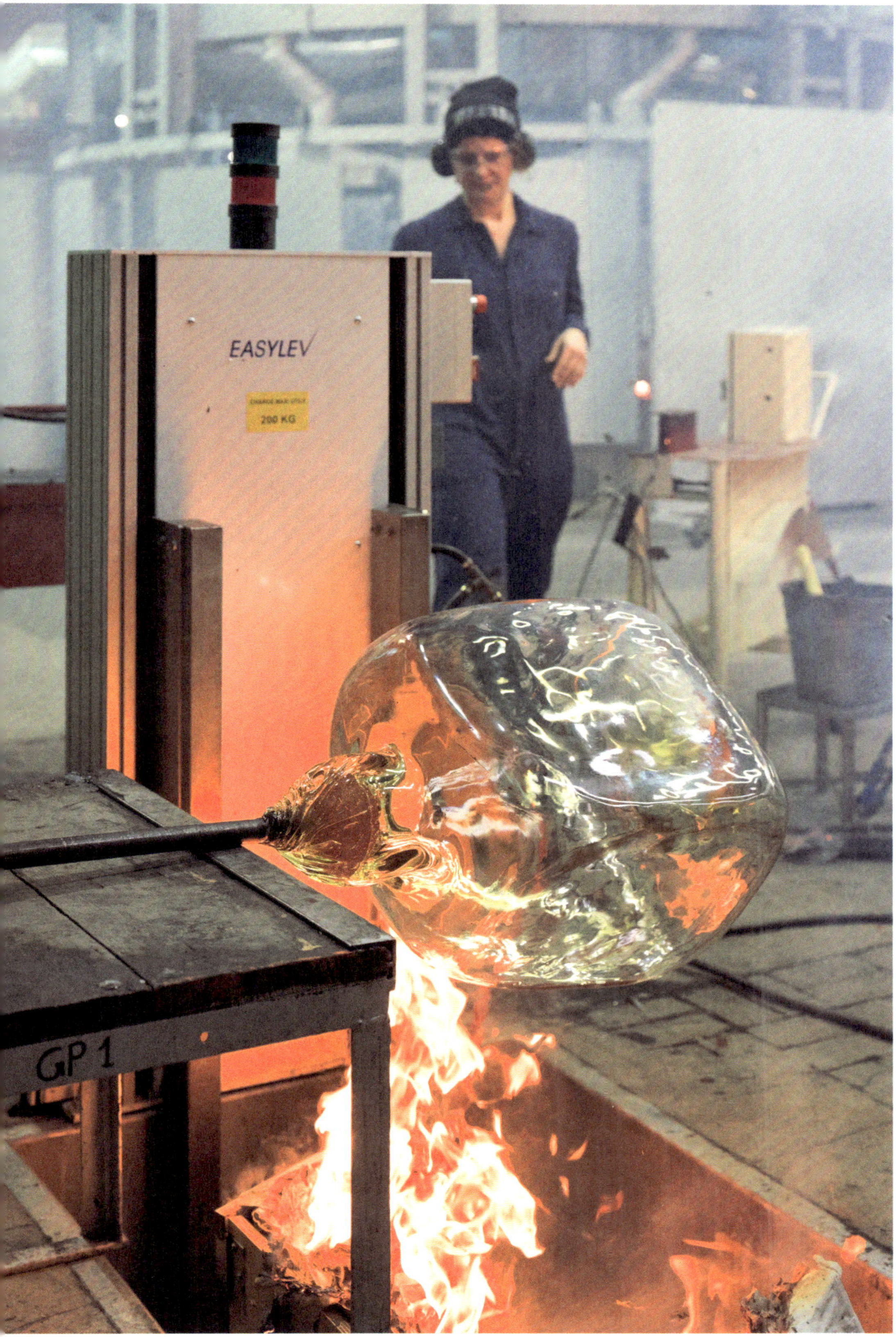

wing the *(aérocubes)*.

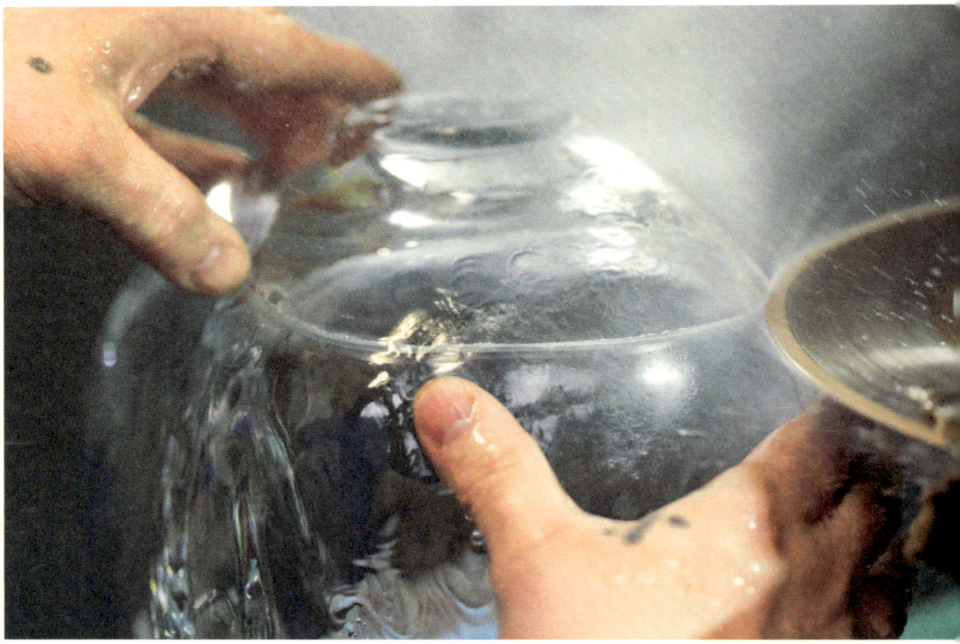

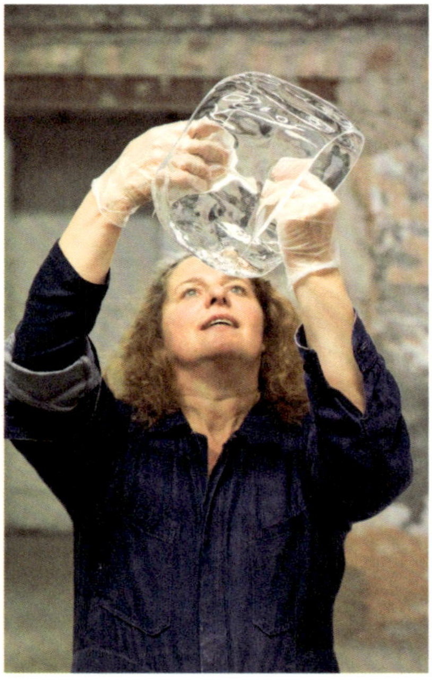

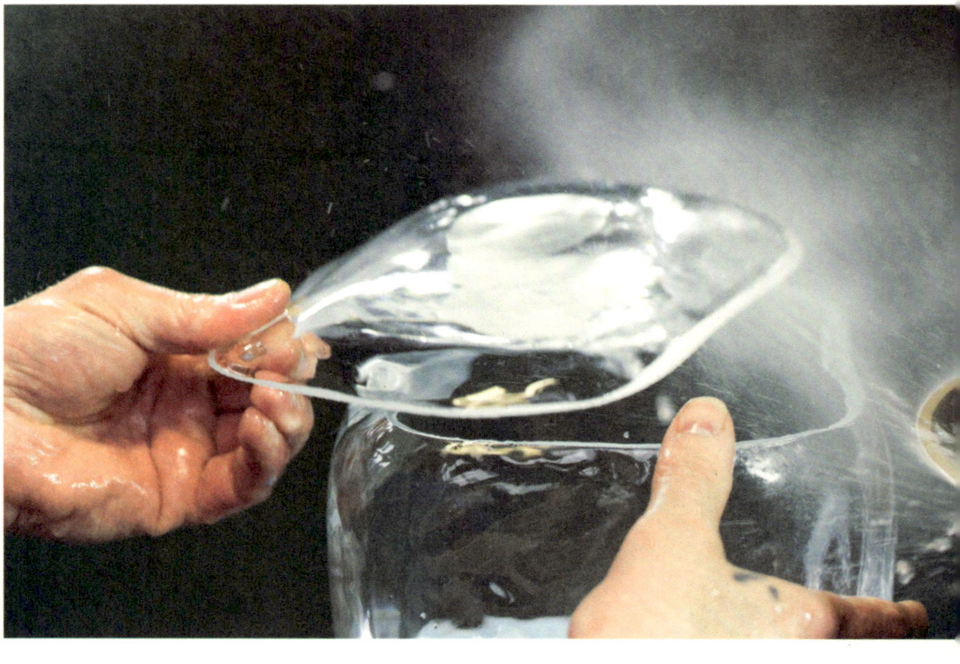

Décalotter les *(aérocub*
Cracking off the *(aérocub*

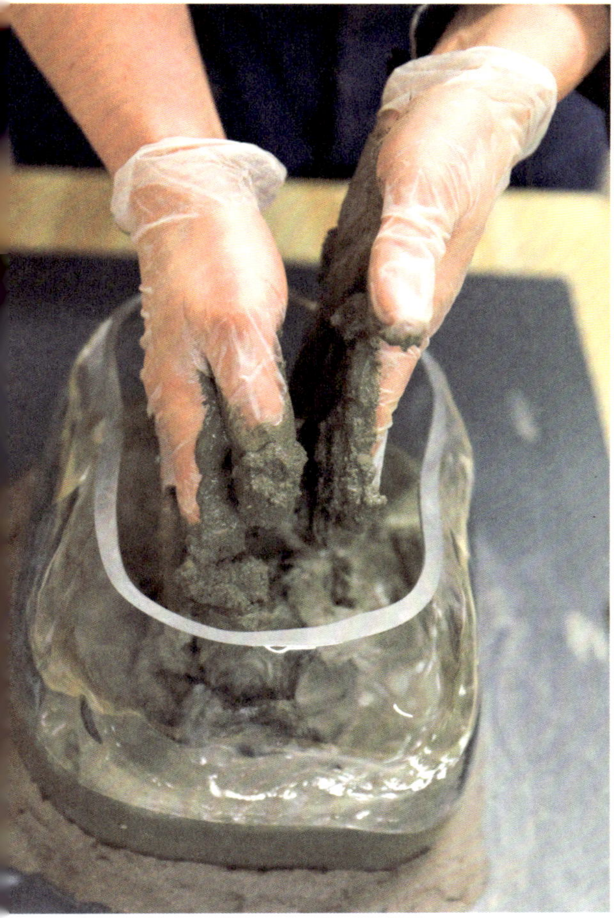

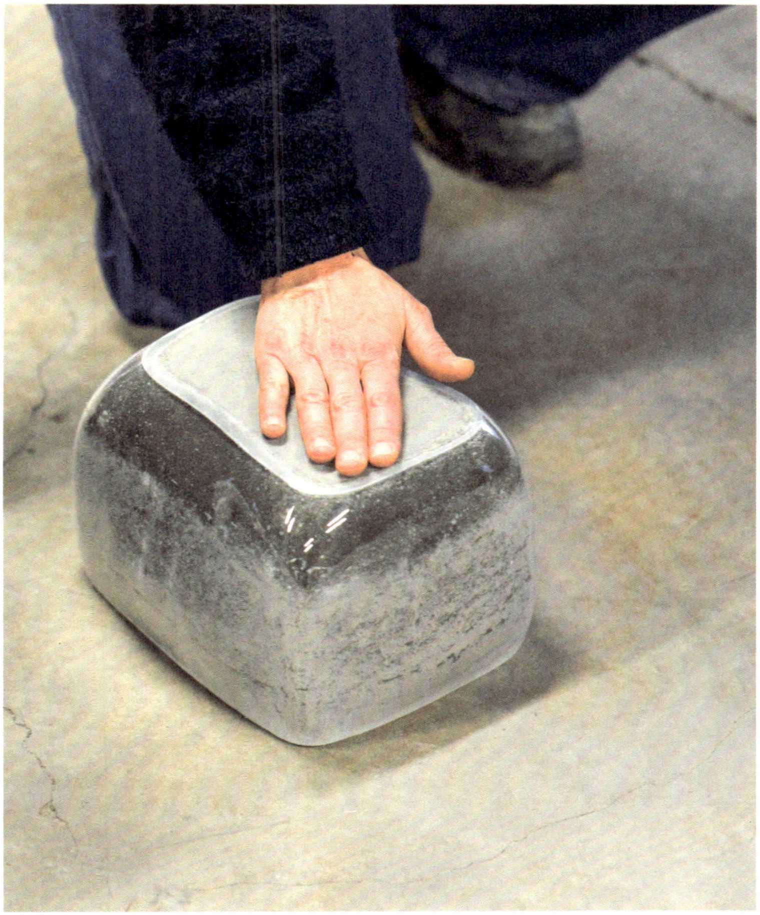

ɴplir les *(aérocubes)* de ciment.
ɴg the *(aérocubes)* with cement.

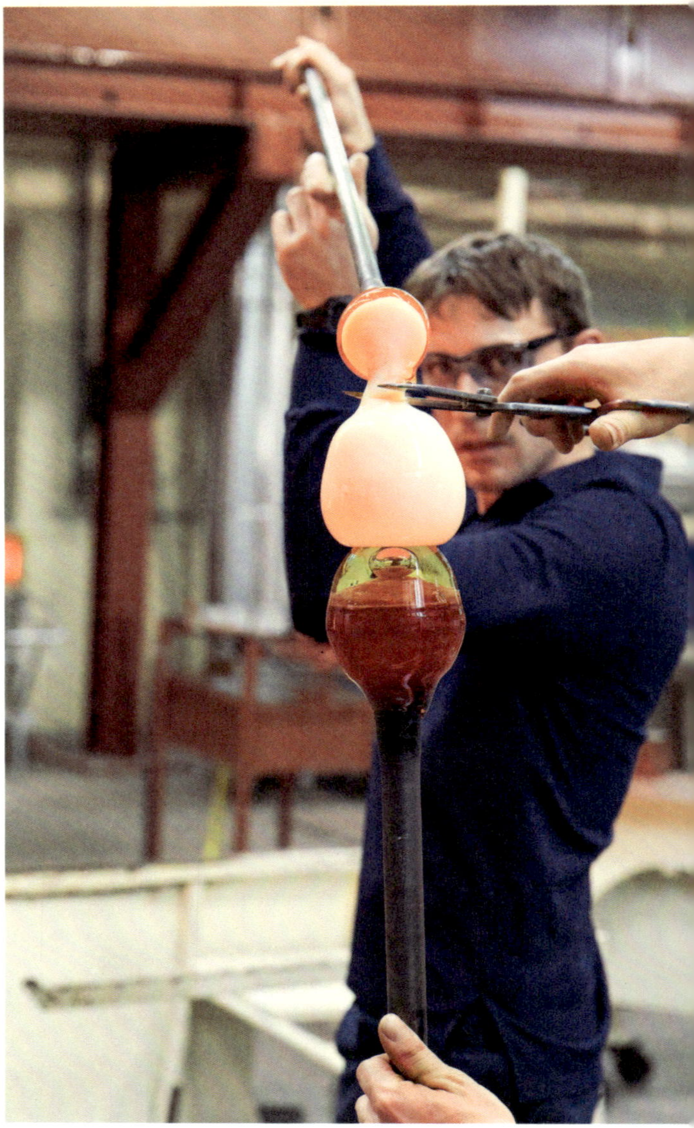

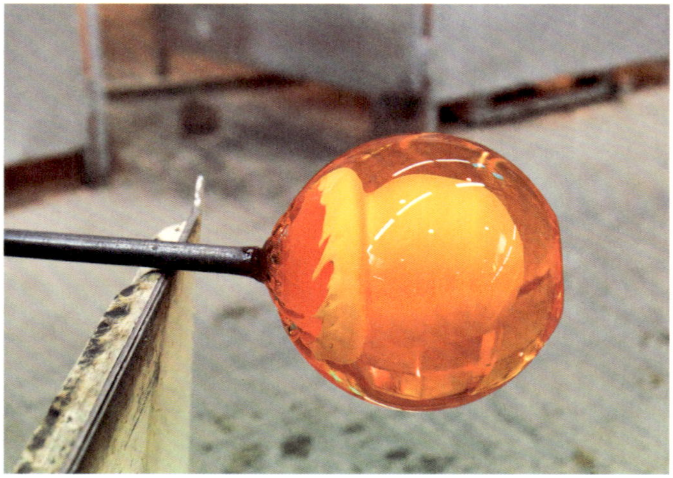

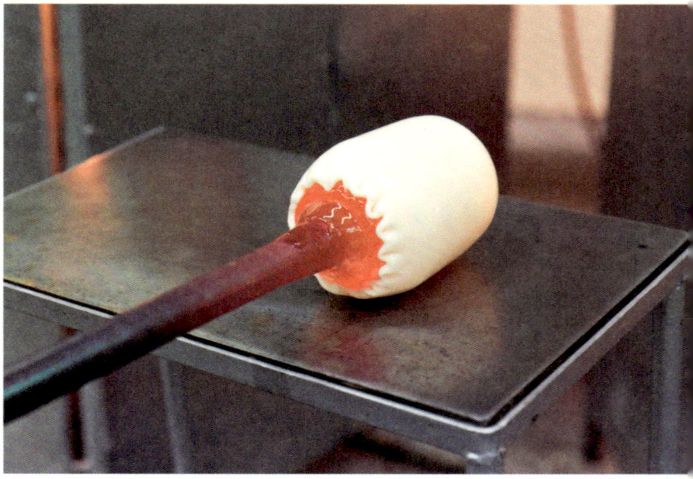

Doubler le cristal. Opaline à l'intérieur/opaline à l'extéri
Lining the crystal. Opaline on the inside/opaline on the outs

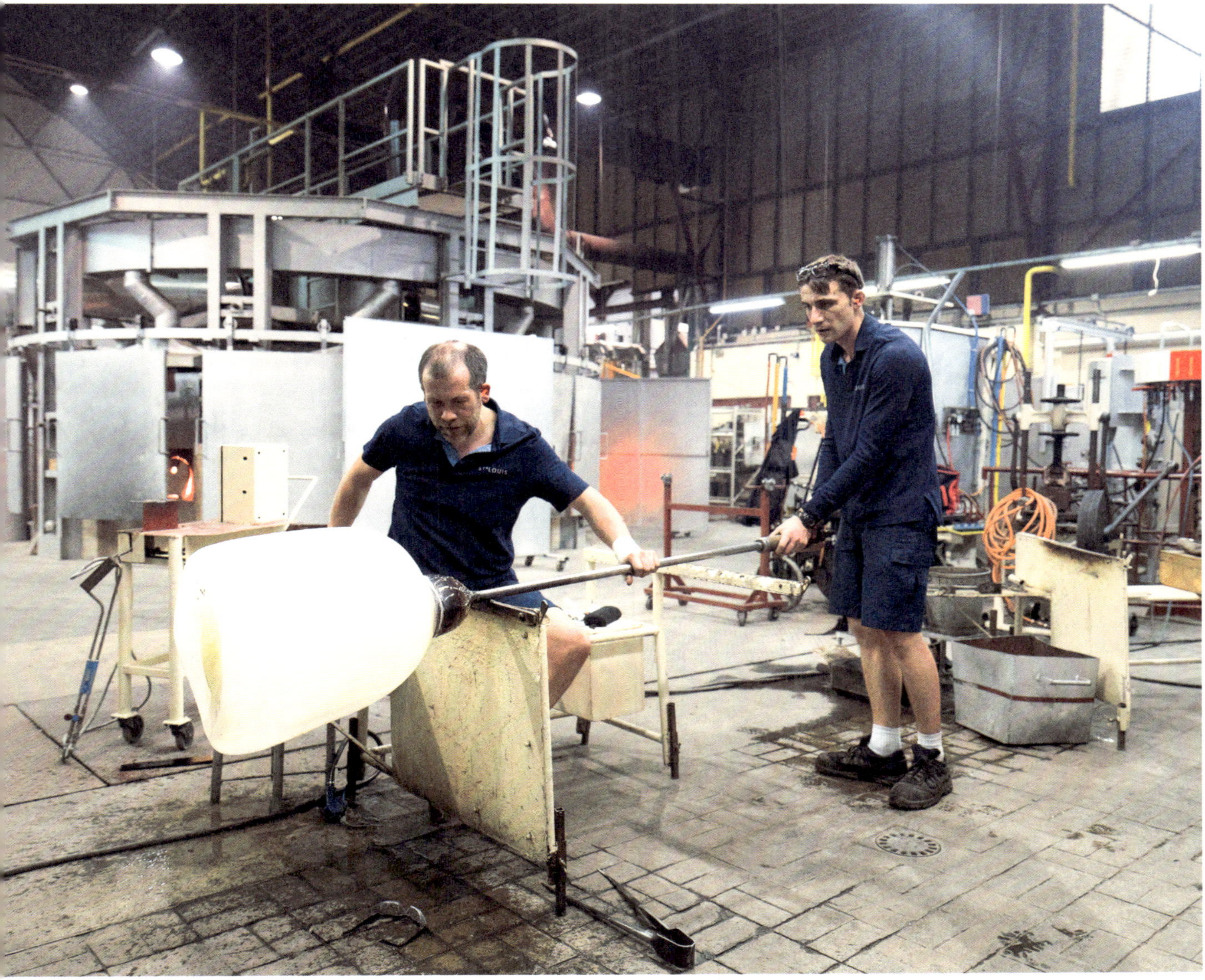

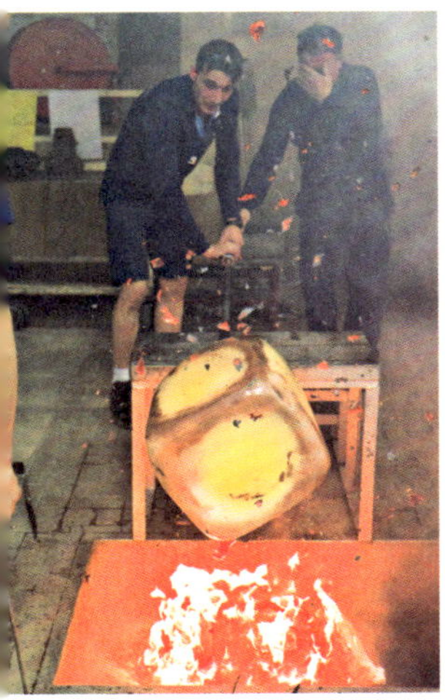

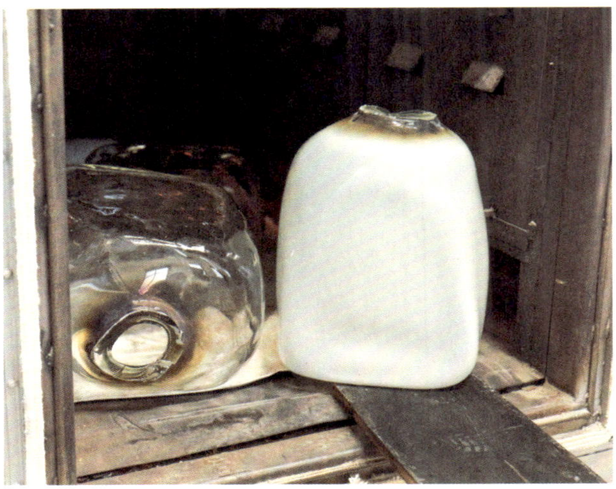

rocubes), cristal et opaline de Saint-Louis, 2017.
rocubes), Saint-Louis crystal and porcelain, 2017.

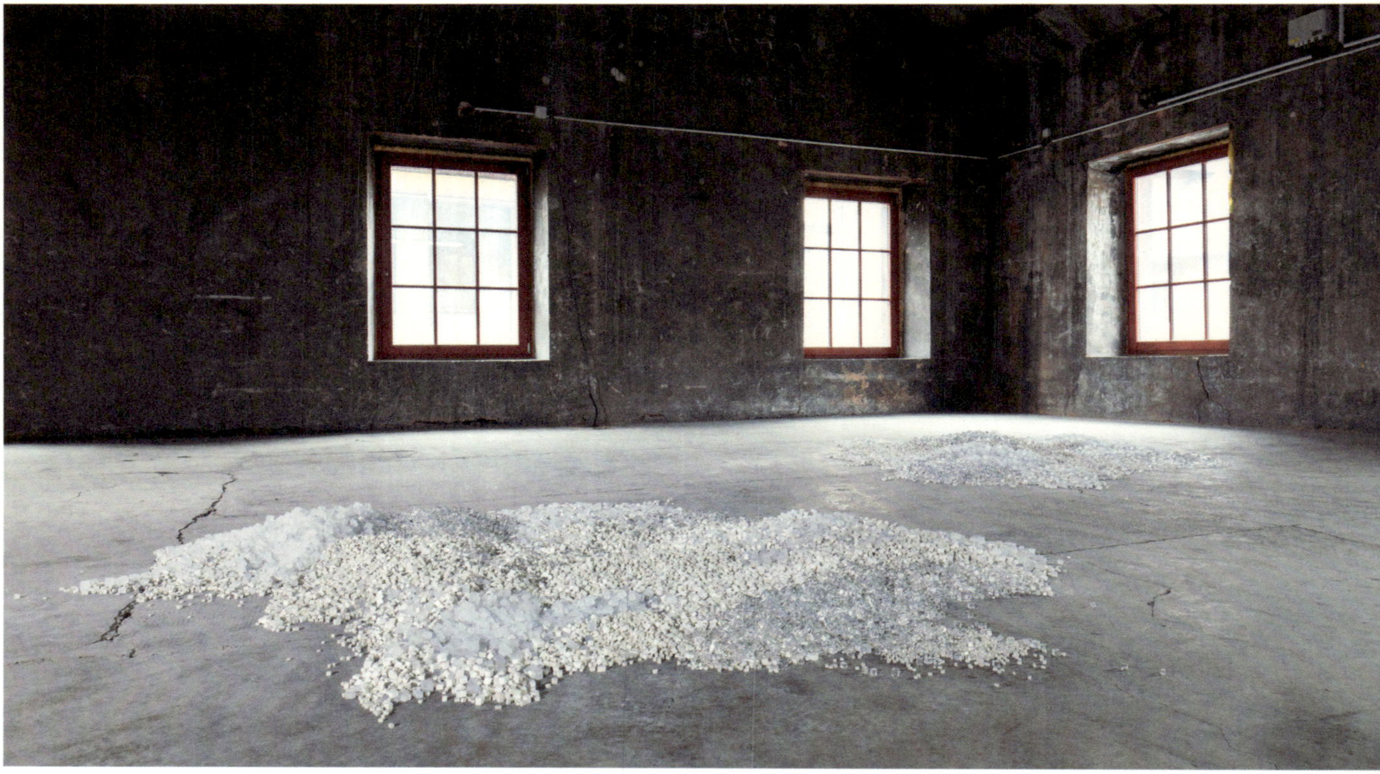

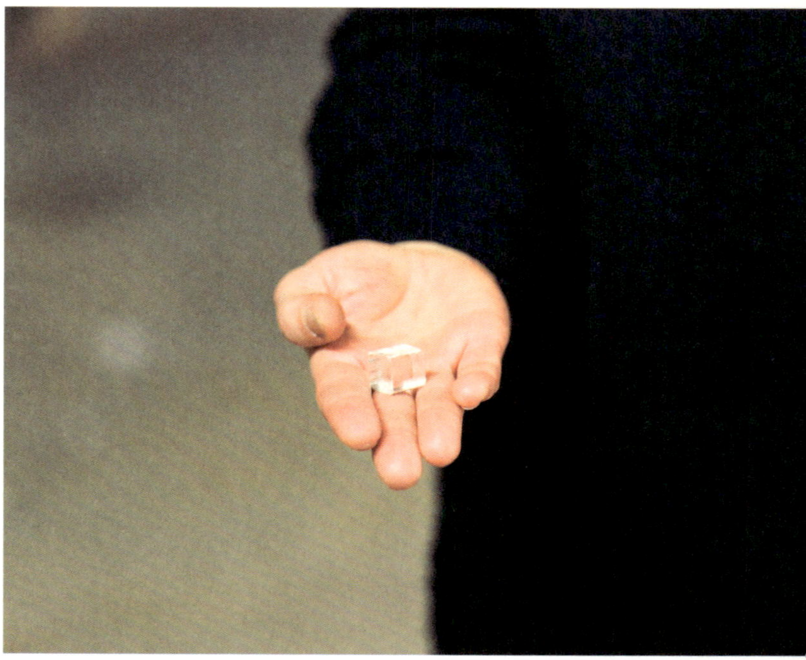

(movidas), cristal de Saint-Louis et porcelaine, dimensions variables, 2
(movidas), Saint-Louis crystal and porcelain, dimensions variable, 2

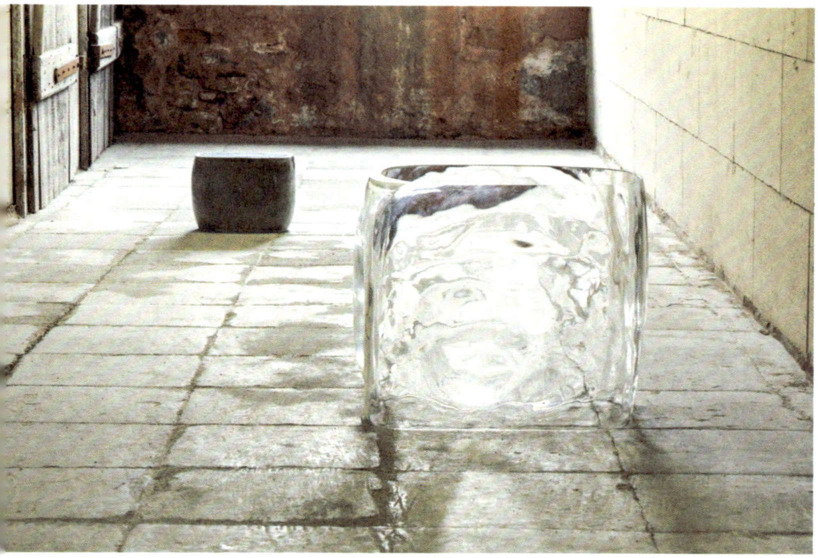

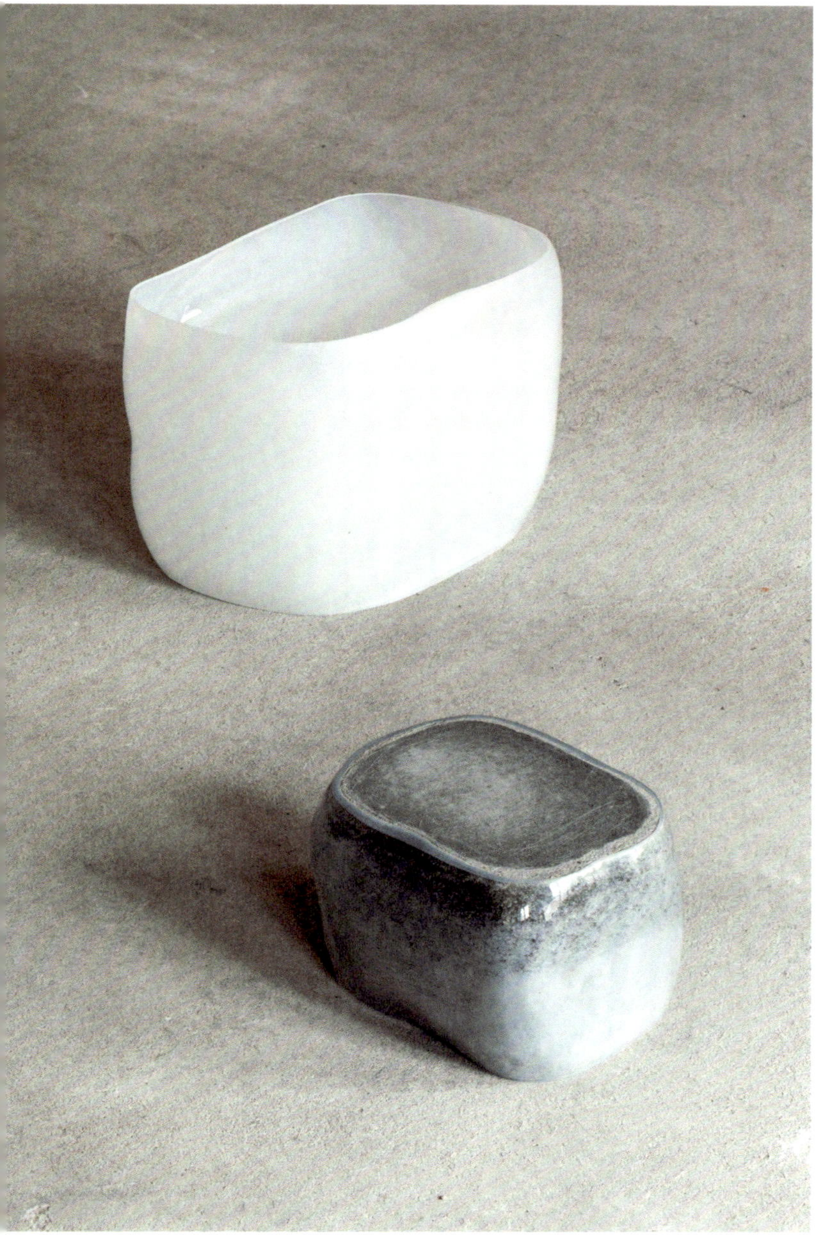

(aérocubes), cristal et opaline de Saint-Louis, et ciment, 2017.
(aérocubes), Saint-Louis crystal and opaline, and cement, 2017.

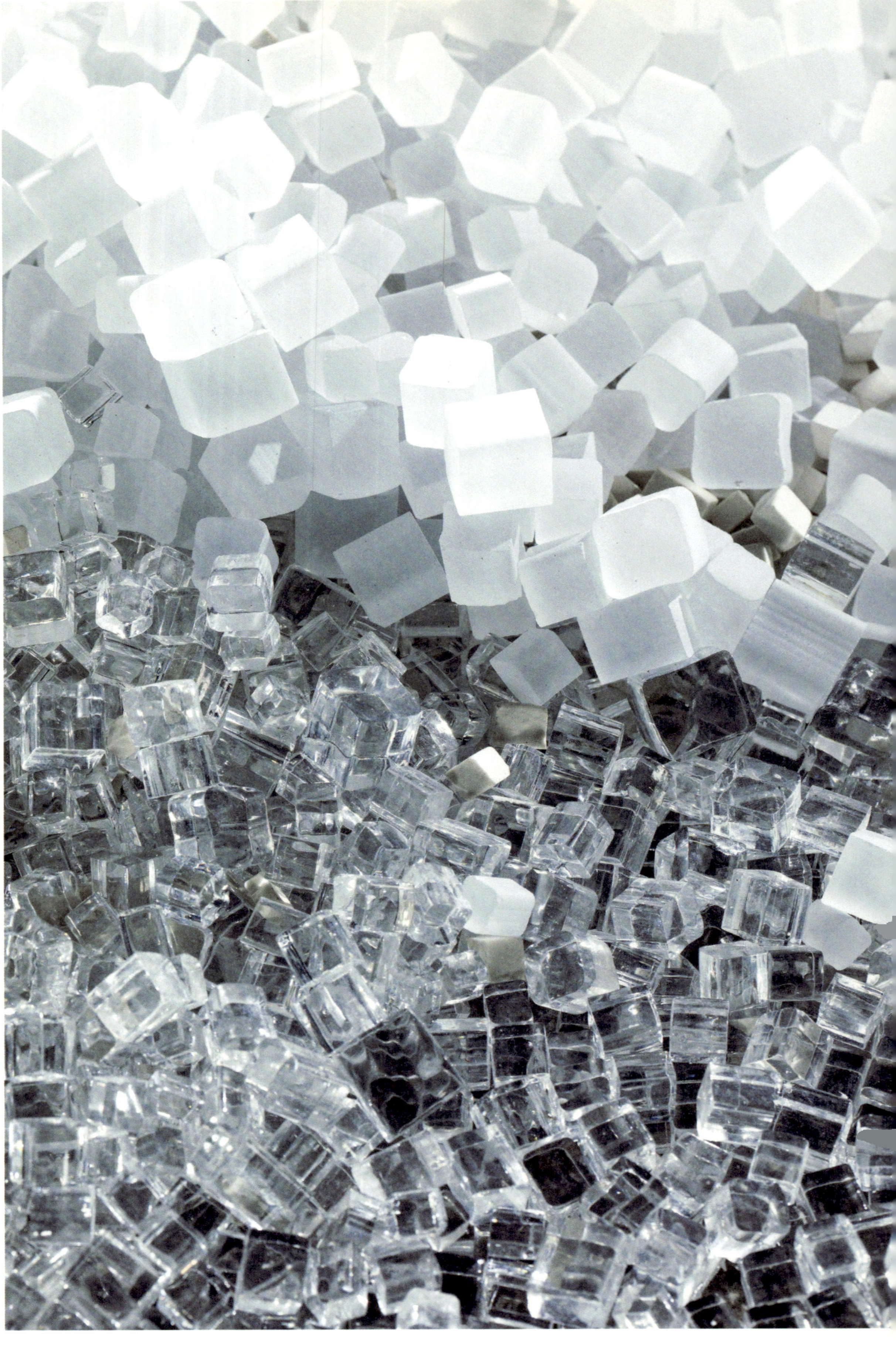

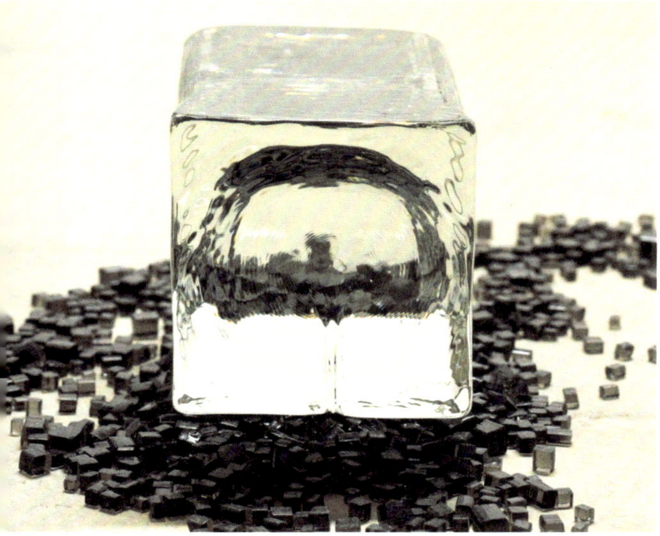

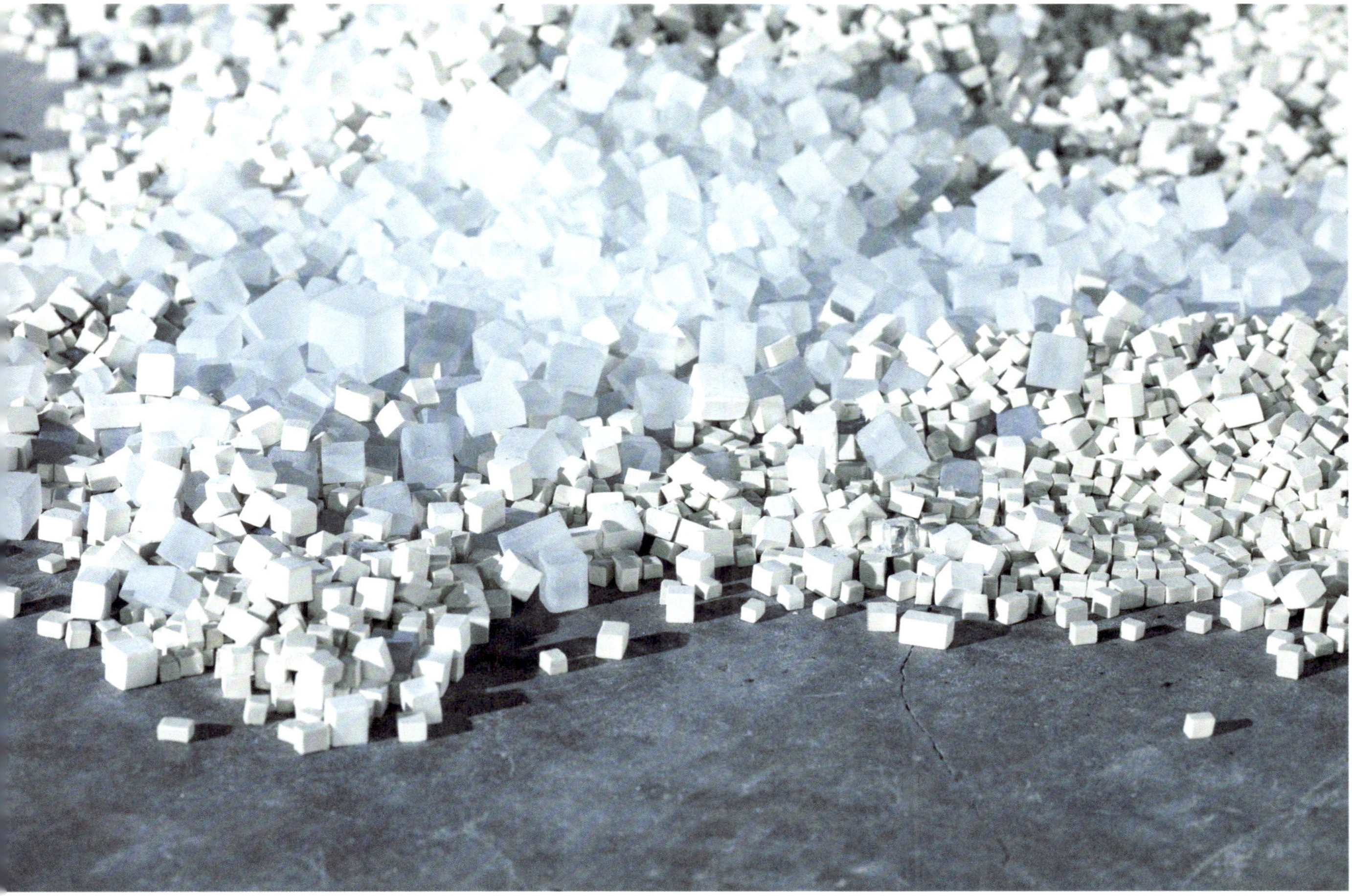

ɔite : Détails *(movidas)*, cristal poli et sablé de Saint-Louis, 2017.
ːt: *(movidas)* details, polished and sandblasted Saint-Louis crystal, 2017.

uche : *(movidas)*, cristal clair et gris de Saint-Louis, dimensions : 15 × 15 × 24 cm, 2017.
ils *(movidas)*, cristal sablé de Saint-Louis et porcelaine, 2017.
(movidas), clear and grey Saint-Louis crystal, dimensions: 15 × 15 × 24 cm, 2017.
idas) details, sandblasted Saint-Louis crystal and porcelain, 2017.

Lucia Bru and Ann Veronica Janssens talking with Gaël Charbau

Mentored by Ann Veronica Janssens, Lucia Bru benefited from a residency offered by the Fondation d'entreprise Hermès at the Cristallerie Saint-Louis[1] in Saint-Louis-lès-Bitche, Moselle. From January to March 2017, with the help of the master glassmakers there, she worked on two sets of pieces that extend and deepen her exploration of a sensorial geometry subject to the events of the body that makes them.

Gaël Charbau: You mentored Lucia Bru's residency at the Cristallerie Saint-Louis. I imagine that her sculptural work was decisive for you in making this choice?
Ann Veronica Janssens:[2] Lucia has experience of "the arts of fire" because she has made ceramics. I thought that it would be particularly interesting for her to benefit from the know-how of craftsmen at the crystal works. In her research, whether in drawing or in sculpture, she is interested in the effects of light on matter and on the possibilities afforded by transparency: it therefore seemed natural for me to suggest an immersion in this place where everyone is passionately interested in these questions.
G. C.: Yes, the artists' personalities are important as regards what happens in the residencies …
A. V. J.: That's right, and generally the magic works when a project that the artist wants to share strikes a chord with the artisans who take pleasure in enabling it to flourish. Lucia felt at home in the highly organized workings of the crystal works; showing empathy, she was able to enter into all the production processes and to develop her work with real autonomy. It was important for her to get out of her own studio and engage with another form of work and collaboration. Lucia's work is very subtle. For me it says a lot about

1. Founded in 1586 as a glassworks, the Verrerie de Münzthal became the Verrerie Royale de Saint-Louis in 1767, and then, after the discovery of the technique for making crystal in 1781, it gradually came to be known as the Cristallerie Saint-Louis. It became part of the Hermès Group in 1989. Today, Saint-Louis creations in the realm of lighting, tableware and decoration have become internationally renowned. Before Lucia Bru, Saint-Louis hosted DH McNabb (2015), Marie-Anne Franqueville (2013), Oliver Beer (2012), Atsunobu Kohira (2011) and Olivier Sévère (2010) as part of the artists' residency programme run by the Fondation d'entreprise Hermès.

2. Born in Folkestone, UK in 1956, Ann Veronica Janssens lives and works in Brussels. She has had numerous solo exhibitions, notably at the Wiels in Brussels (*Serendipity*), the Espai d'Art Contemporani de Castelló (*Are You Experienced*), the Neue Nationalgalerie in Berlin, the Musée d'Orsay in Paris, the CCA Wattis Institute in San Francisco, the Ikon Gallery in Birmingham, the Kunsthalle Bern, Mac in Marseille, the Venice Biennale (with Michel François), and at Carriageworks in Sydney. In 2015, several years their joint exhibition at the Venice Biennale, Guillaume Desanges again invited Janssens to exhibit with Michel François at La Verrière/Fondation d'entreprise Hermès in Brussels.

space, about colours and vibration. I think that for her this residency provided an environment that was truly in harmony with her research.

Gaël Charbau: Your visual vocabulary is very minimal, concentrating on a small number of forms that are rigorously subjected to various random events. How did these figures come to the fore?
Lucia Bru: This very simple, highly abstract geometry fell into place shortly after I completed my studies and came to seem natural. Above all, it is the use of porcelain that fully revealed the atmosphere of my work, because that material has one great quality: it holds the memory of its handling. When I am working on raw porcelain, shaping it, all my impulses, all my caresses are recorded and then amplified after firing. It's a phenomenon I find very interesting, because it acts on the forms that I use and creates a geometrical universe in upheaval. I like to describe a cube as "breathing". I have a taste for what is awry, for what escapes us, under the effect of the body. The state in which I work—from my breathing to my speed of execution—is thus captured and amplified.
G. C.: So, it could be said that what you work towards is a kind of geometry of the unpredictable?
L. B.: Yes, exactly! I realized that what I experienced in making my sculptures was this love of deformation, of what is "not straight", of what is "almost" or "tends towards"—what in fact is "not quite". The question of the right angle, of those 90 degrees in which we always live, is what interested me in many works. I have tried to upset the pedestals, the lines that surround us. I also asked myself how to deform space itself, and so I worked on plate mirrors in porcelain, whose reflections are affected by the accidents on the surface.
G. C.: What materials do you use regularly?
L. B.: Cement, iron, porcelain, as we were saying, but also paper, which I have used to make a lot of sculptures. Ceramic is certainly the material I use most. I very much like to combine drawing and sculpture, and in fact I think of my drawings as sculptures. I also use video and photography.
G. C.: You made all these experiments at the Cristallerie Saint-Louis. Can you tell me how the pieces you worked on came into being in that very particular context?
L. B.: In the course of my encounters with artisans, and as I found out more about crystal making. The main thing I wanted was not to limit myself from

the outset to an object, to a project with a predefined form. I wanted to develop the work that has been part of my life for some fifteen years now, and that is scattered through my art. I'm talking about those small cubes of varying sizes (with sides ranging from about 1 to 6 centimetres), and that I like to give, by the handful or individually, to the people I meet. I love to think of them, being carried around in people's pockets, on their shelves or mantelpieces, forming a fragmented sculpture that is totally out of my control. The aim here was to construct a sculpture with an uncertain device and, in the end, I gave each artisan I worked with a few of these cubes.

Porcelain and crystal are very strong, robust materials, contrary to cultural perceptions. I have discovered that crystal could bring in a fluidity, something visually close to a liquid, compared to porcelain, the expression of which is more rigid. I have never measured these cubes when making them and I always try to give them the size of a "felt" measure. They therefore vary depending on the moment when they were sculpted. This has nothing to do with precise, orthogonal geometry. They are all the same and always different.

G. C.: Seeing those hundreds of little cubes covering the floor, brings to mind something geographical: the first sensation is that we are looking at a kind of island, an archipelago, with different dips and several altitudes.

L. B.: I really like the idea that tiny little things can conquer a space, encompass emptiness. It is a space defined "point by point", formed by an assembly in which element is a sculpture in its own right. There is in effect this notion of territory, of limits, of division, of fragmentation. There is also the sensation of teeming which suggests something alive, whereas the piece is made up of mineral matter. Life, mobility—that is another thing that I find very interesting in my experiments. I like creating a framework that is completely uncertain, trying to induce a release of control that sets out to conquer space. I could never make the same installation twice. I delight in these infinite possibilities.

G. C.: I'd like you to say more about the techniques brought into play here. What were the skills you drew on?

L. B.: Regarding the porcelain, that gets done in my studio in Brussels: I spread the porcelain in its paste state on a *croûteuse*—a kind of table conceived especially for that purpose—and I cut it raw, unlike crystal. There are then two kinds of firing: high-temperature firing, which makes the porcelain grey and vitrified, completely closed, and the other, which produces pinkish cubes, bisqued at 950 degrees. This firing leaves the matter in a porous state.

For the crystal, there are two states of the material in my work: colourless transparent crystal, totally clear, made from strips of stretched crystal, that is annealed and cut before it goes into the "dip", the acid baths in which it is immersed, and which make it even more limpid and brilliant. You lose a bit of the material, which is corroded by the acid, and that also erodes the edges of the cubes, softens them, and gives them—I think—that liquid quality I was talking about earlier. The other technique I use consists in frosting the crystal. These are sanded cubes that are, in complete contrast, more ghostly and opaque. The crystal is made opaque by being blasted with sand.

G. C.: You developed another series of pieces during your residency, which consists of several blown forms, like giant paving stones laid on the ground with matter held captive inside them, including cement. How did you make those?

L. B.: They began as pieces that were blown by glassmakers in wooden moulds that I made. They are lined with paper, which is what gives them that particular texture. I used that technique because every time someone blew into a given mould they obtained a different result, and that interested me. After this first phase, the piece was annealed, then the top was sawn off, and after that the bottom. This meant that I had a form with four lateral sides that were neither round nor square, and with no bottom or lid. Then I poured in grey cement. What cement and crystal have in common is sand, so I thought it would be interesting to bring them together.

G. C.: Can you imagine these two propositions in a kind of dialogue, or rather, as two separate entities?

L. B.: They are two quite distinct projects. What they share is this idea of the "same that is always different". The technical process in the blown glass project meant that while using the same mould I got a different form every time, and for me it's interesting to think that a single form can have different "moments" and be not single, but multiple.

Une publication/Published by
Actes Sud/Fondation d'entreprise Hermès

FONDATION D'ENTREPRISE HERMÈS
Président/President : Olivier Fournier
Directrice/Director : Catherine Tsekenis
Responsable Image éditoriale et publications/Head of Editorial Image and Publications :
Frédéric Hubin
Responsable de projet résidences/Head of Project : Clémence Fraysse
Chargée de projet résidences/Project Manager : Julie Arnaud

ACTES SUD
Conception graphique/Graphic design : Raphaëlle Pinoncély
Mise en page/Layout : Atelier graphique Actes Sud
Correction/Copy editor : Aïté Bresson, Lauranne Valette (français), Bronwyn Mahoney (anglais)
Traduction/Translation : Charles Penwarden
Fabrication/Production : Géraldine Lay
Photogravure/Photoengraving : Caroline Lano, Terre Neuve

Texte/Text : Gaël Charbau
Légendes du portfolio/Portfolio's captions : Lucia Bru
Photographies/Photographs : © Tadzio, 2017

REMERCIEMENTS
La Fondation d'entreprise Hermès et Lucia Bru remercient sa marraine, Ann Veronica Janssens, et les personnes ayant facilité le bon déroulement de la résidence : Jérôme de Lavergnolle, François Schaefle, Jean-François Lavaux, Patrick Neu, Stéphane Dolipski, Nadine Stirmann, Bénédicte Bour ; les artisans Yves Fuhrmann, Horst Helmstetter, Mathieu Kremer, Mathieu Senger, Jean-Pierre Senger, Daniel Backenstrass, Joseph Schneider, Emmanuel Dehlinger, et tous les collaborateurs de la cristallerie Saint-Louis.

La Fondation d'entreprise Hermès and Lucia Bru thank the artist's mentor, Ann Veronica Janssens, and everyone who helped make her residency a success : Jérôme de Lavergnolle, François Schaefle, Jean-François Lavaux, Patrick Neu, Stéphane Dolipski, Nadine Stirmann, Bénédicte Bour ; the artisans Yves Fuhrmann, Horst Helmstetter, Mathieu Kremer, Mathieu Senger, Jean-Pierre Senger, Daniel Backenstrass, Joseph Schneider, Emmanuel Dehlinger and all the staff at Cristallerie Saint-Louis.

ISBN 978-2-330-08506-3
www.actes-sud.fr
www.fondationdentreprisehermes.org

Achevé d'imprimer en septembre 2017
par l'imprimerie EBS à Vérone
pour le compte des éditions Actes Sud,
Le Méjan, place Nina-Berberova, 13200 Arles

Dépôt légal 1re édition : octobre 2017
(Imprimé en Italie.)